Me Llamo Juana

visitenos en www.flyingrhino.com

Número de Control de la Biblioteca del Congreso: 00-092564

ISBN 1-883772-95-8
ISBN de la colección Farmer Bob, En La Granja:
1-883772-87-7

Impreso en Mexico

Me llamo Juana.

Me encanta correr.

Corro junto al granero.

Me arrastro por debajo de una vaca.

9

Trepo encima de un cerdo.

Bailo alrededor de algunos pollos.

Brinco sobre una oveja.

Nado por debajo de algunos patos.

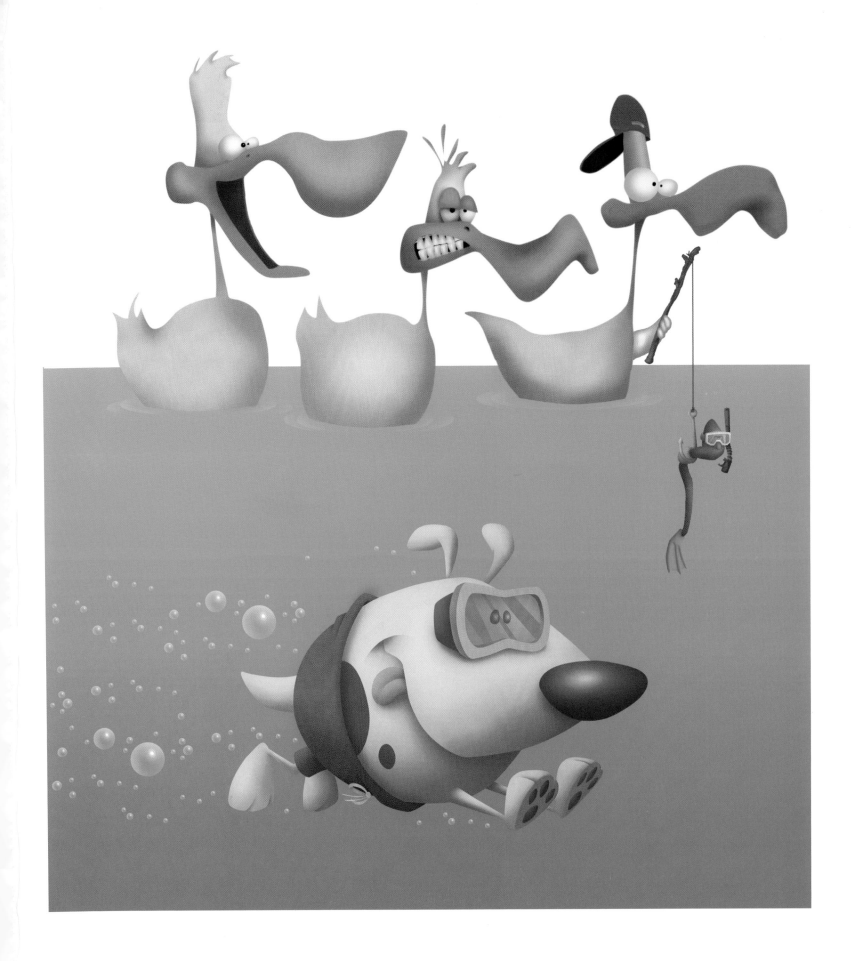

17

Me siento sobre el Granjero Bob.

19

Camino de puntitas cerca de un toro.

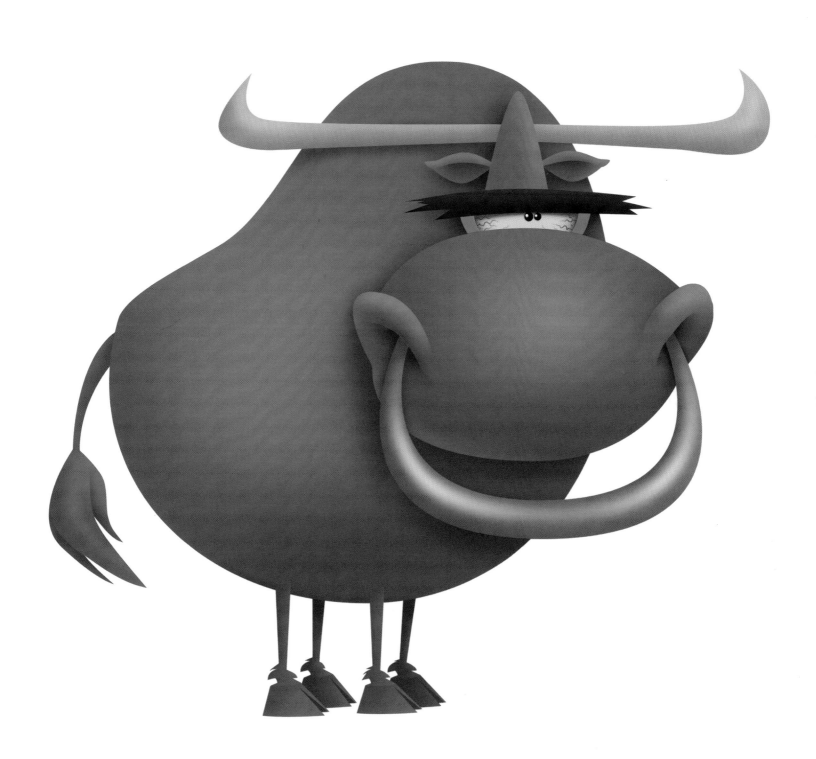

Ruedo por una colina.

Aterrizo sobre un gallo.

Me detengo junto a mi plato.
Como mi cena.

Estoy cansada.
Creo que voy a dormir.

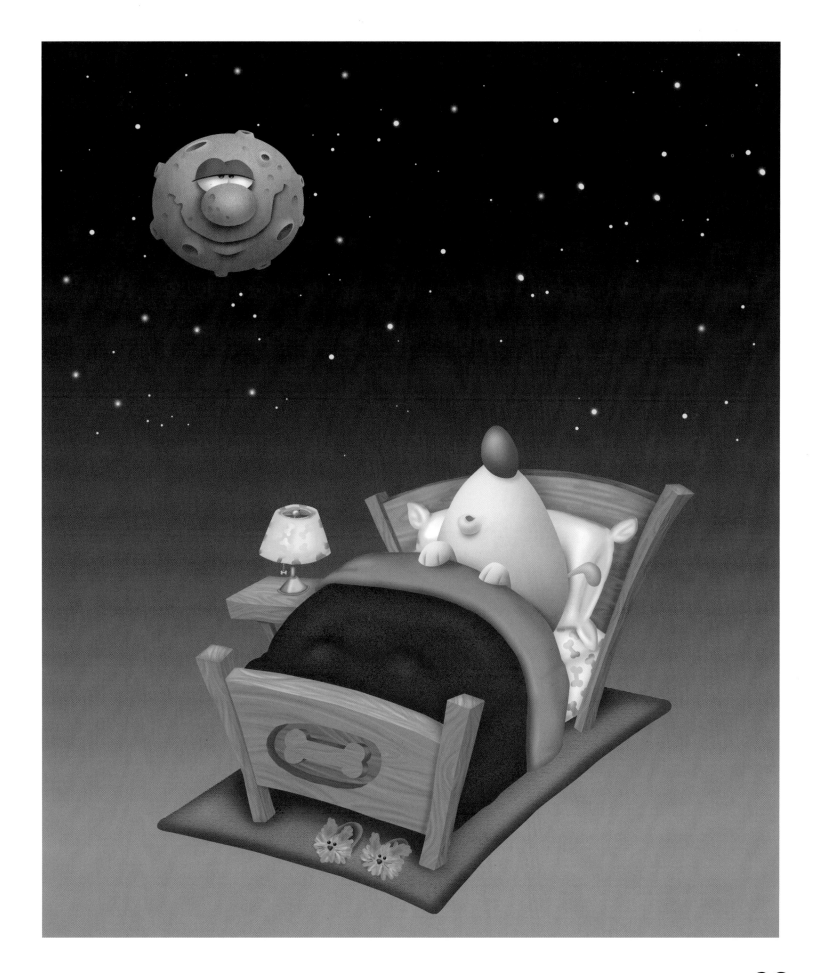

GLOSARIO

correr

arrastrarse

trepar

bailar

brincar

nadar

sentarse

caminar de puntitas

rodar

aterrizar

comer

dormir

31

DATOS SOBRE LOS AUTORES E ILUSTRADORES

 Ben Adams dice que los animales de granja son malolientes, pero sin embargo le gusta dibujarlos. Ben vive en su propia casa en Portland, Oregon. Le gusta pasar el tiempo en su jardín podando, regando y convirtiendo sus árboles en esculturas de animales de granja, de tamaño gigante. Algún día espera tener su propia granja y cambiar su nombre al de Granjero Ben.

 Julie Hansen se crió en Tillamook, Oregon, y sabe mucho sobre las vacas. Aunque nunca ha tenido una vaca, ha criado casi todo clase de diferentes animales; perros, gatos, pollos, conejos, ranas, ratas, ratones, peces, patos, culebras, ardillas y una que otra rata almizclera. Vive en Salem, Oregon con su esposo Mark, su hijo Chance, dos gatos, y un perro del tamaño de un gato.

 **Kyle Holveck** vive en Newberg, Oregon, con su esposa Raydene y su hija Kylie. En Newberg hay cantidades de granjas y animales. El animal de la granja favorito de Kyle es el rinoceronte, el cual, *como sabemos*, no es un animal de la granja. Como su casa es demasiado pequeña para tener un rinoceronte, Kyle tiene un perro chihuahua llamado Pedro.

 Aaron Peeples considera al Granjero Bob come su héroe. Dice que cualquier hombre se ve bien llevando sobrerropa día tras día, definitivamente tiene que ser un gran hombre. Aaron actualmente asiste a la universidad en Portland, Oregon y se entretiene dibujando animales de la granja para Flying Rhinoceros.

 **Ray Nelson** cree que las vacas y los cerdos son maravillosos. También cree lo mismo del tocino y hamburguesas (aún no le hemos dicho de donde provienen el tocino y las hamberguesas). Ray vive en Wilsonville, Oregon con su esposa Theresa. Tienen dos hijos, Alexandria y Zach, y un perro extraño, se llama Molly.

CONTRIBUIDORES: Melody Burchyski, Jennii Childs, Kam Clark, Lynnea "Mad Dog" Eagle, Annaliese Griffin, MaryBeth Habecker, Mark Hansen, Lee Lagle, Mari McBurney, Mike McLane, Chris Nelson, Hillery Nye, Kari Rasmussen, Steve Sund y Ranjy Thomas.

Traducido por Bruce International, Inc.

visítenos en línea:
www.flyingrhino.com
o llame al **1-800-537-4466**